# UN MOT

SUR LA

## RÉVISION DE LA CONSTITUTION

## ET SES CONSEQUENCES

---

On nous a appris que, dans une réunion tenue à Epinal, présidée par M. Jules Ferry, le 11 décembre courant, MM. Claude, George et Kiener se sont prononcés pour la révision de la constitution.

Ils ne la veulent, disent-ils, que partielle et ils prétendent la limiter aux points suivants :

Suppression de l'inamovibilité du Sénat, modification dans le mode du vote des délégués sénatoriaux, afin de rendre le nombre des délégués proportionnel à la population : réforme de la magistrature.

M. Claude avoue franchement qu'il considère cette révision comme périlleuse ; mais il la votera néanmoins ; M. George, sans doute parce qu'il goûte à la Cour des comptes les douceurs de l'inamovibilité, réformera, comme M. Claude, sauf en ce qui concerne la suppression des sénateurs d'inamovibilité dont il est partisan. M. Kiener se montre plus franchement révisionniste. C'est le programme du *Mémorial des Vosges*; c'est le mot l'ordre des candidats officiels.

La question est de savoir si, après avoir aidé à ouvrir la porte par où doit passer, suivant eux, la révision partielle, MM. Claude, George et Kiener seront de force à fermer cette porte devant ceux qui ont actuellement la prétention de l'ouvrir au large pour détruire de fond en comble la constitution et, de la République dite conservatrice, conduire la France à la République radicale, sociale et violente.

Le plus sage, en ce moment, est de ne pas ouvrir la porte du tout.

Chacun voit cela, excepté les aveugles et les borgnes.

Ce n'est pas seulement parmi les hommes de la droite que l'on proteste contre les projets de révision totale ou partielle de la Constitution.

A gauche aussi, des voix s'élèvent pour protester contre ces tentatives et pour signaler le danger que n'aperçoivent point MM. Claude, George et Kiener.

Parmi ces voix, il en est une qui fait particulièrement sensation, et qui mérite d'être écoutée par
les républicains comme par les autres; c'est celle
de M. Scherer, sénateur inamovible, républicain
notoire, rédacteur du Journal *le Temps*, et qui,
comme il s'en vante lui-même, n'a jamais cessé
depuis qu'il siège au Sénat de voter avec la gauche.

Voici ses propres paroles : « Devenu membre
» de l'Assemblée nationale, et, plus tard, du Sénat,
» je n'ai pas cessé de me joindre à tout ce qui
» s'est fait pour établir et affermir le régime ré-
» publicain.... En parlant de la République, je
» n'en parle ni en adversaire ni en étranger. Je suis
» de la maison. »

Voici comment le républicain M. Scherer s'ex-
prime sur la question de révision de la constitution
et sur les dangers que présente cette révision, même
partielle, telle que l'entendent MM. Claude, George
et Kiener.

« La question de la révision n'est donc point sortie d'un
besoin senti et conscient du pays; elle n'est affaire que de
réunions publiques et de journaux. On en trouverait la
preuve au besoin dans les raisons mêmes alléguées en
faveur de la thèse révisionniste. Ces raisons ne supportent
pas l'examen. Ce ne sont pas des motifs, ce sont des
prétextes. »

« La futilité des griefs allégués contre le Sénat est si bien sentie de ceux-là mêmes qui en font le plus de bruit, qu'ils cherchent à les renforcer par des considérations théoriques. La loi constitutive du Sénat offre des anomalies qu'il importe de faire disparaître. Pourquoi deux sortes de sénateurs, d'un côté soixante-quinze membres inamovibles, et, de l'autre, deux cent vingt-cinq membres élus pour neuf ans ? Et pourquoi neuf ans, tandis que les députés ne sont nommés que pour quatre ? Mais ce qui révolte le plus ces théoriciens, c'est le fait que les communes, dans le collège électoral chargé de nommer les sénateurs, sont considérées comme des personnes morales au lieu d'être traitées comme des agglomérations de population, et qu'elles n'ont chacune qu'un délégué à nommer malgré la différence considérable du nombre d'habitants entre la ville et le village. On devine, sans que j'aie besoin d'en donner des exemples, à quels développements donne lieu une assimilation si choquante. Que de fines plaisanteries sur les communes infimes et dont le nom prête à rire ! Que de sonores appels à la majesté des principes ! Tout cela, je suis bien obligé de le constater, non sans effet. Car c'est sur ce point de la proportionnalité numérique des électeurs primaires que se sont tout d'abord déclarées les concessions.

Je soupçonne le radicalisme d'avoir quelque peu ri en sa barbe en voyant le succès de sa tactique. Sa façon de procéder est toujours la même. Le radicalisme lance une proposition à laquelle personnne ne pensait la veille, et à l'énoncé de laquelle tout le monde commence par lever les épaules de pitié ou par se signer d'effroi. Peu à peu, cependant, et à force d'en entendre parler, l'accoutumance se fait. On se laisse aller à discuter la mesure qu'on croyait d'abord pouvoir écarter par le dédain ou la colère. On échange les raisonnements et, comme on s'est laissé entraîner dès le début sur le terrain de discussion qu'ont choisi les auteurs du projet, on sent assez vite que l'on n'a rien de bien valable à leur opposer, et l'on finit par traiter, par se rabattre sur des questions de plus ou de moins, par se rallier à quelque moyen terme dont le radicalisme sera peut-être forcé de se contenter aujourd'hui, mais dont il se servira demain pour avancer ses ouvrages, resserrer l'investissement de la place, et emporter, enfin, une position virtuellement livrée le jour où on l'a laissé entamer. »

« C'est dire que le modéré a, lui aussi, sa tactique ; seulement c'est la tactique de la retraite. Plus il l'a pris de haut, le premier jour, avec les propositions radicales, plus vite il se lasse de la lutte lorsqu'il s'aperçoit que ses airs d'indignation n'ont pas suffi à exorciser l'ennemi de son repos. C'est alors qu'il se demande s'il ne serait pas plus sage de s'en tirer par un sacrifice. Il serait si agréable de débarrasser la politique de cette épine, la voie de cet obstacle. On priverait l'adversaire de ses meilleurs arguments, on en finirait avec des débats irritants, on pourrait revenir ensuite aux véritables affaires, aux questions pratiques et utiles ! »

« Gardons-nous, enfin, de l'oublier : il y a des habiles aussi bien que des naïfs dans les rangs de ceux que les questions importunent et qui cherchent à s'en délivrer à tout prix. Le républicain qui se sent distancé par le radicalisme et qui tient pourtant à la popularité, qui désire garder son bon renom démocratique et en même temps rester en passe d'arriver au pouvoir, celui-là est singulièrement ennuyé des nouveautés qu'on lui jette tout à coup dans les jambes, et sur lesquelles il ne peut se prononcer sans risquer de compromettre, ou sa considération auprès des avancés du parti, ou sa position comme candidat à des fonctions responsables. »

« Il est juste de reconnaître que la plupart des révisionnistes ne se doutent pas des entraînements, des fatalités de la route dans laquelle ils s'engagent et cherchent à nous engager avec eux. Ils n'ont pas l'air de se douter qu'après l'indépendance du Sénat, son existence viendra infailliblement en discussion, et après l'existence du Sénat celle de la présidence de la République. Le principe démocratique arrive très vite à l'assemblée unique, permanente, souveraine, liée par des mandats impératifs, soumettant ses votes à la ratification des assemblées primaires et gouvernant au moyen de comités exécutifs tirés de son sein. Et il ne faut point s'en étonner, car, à prendre la raison pure et la conséquence rigoureuse pour règle des affaires humaines, c'est bien jusque-là qu'il faut aller. Si même on s'y arrête, c'est qu'il y a impossibilité d'aller plus loin. A moins de trouver le moyen de faire voter et gouverner directement la nation, force est bien de se contenter de la Convention. Arrivé à ce point, on peut donc faire comme l'Eternel après la création, se reposer et contempler son image dans le produit de la raison sou-

veraine. Reste à savoir comment la machine fonctionne
mais non, en douter serait un blasphème. Ce qui
rationnel pourrait-il ne pas être applicable ? Ce qui
logique pourrait-il se trouver absurde ? La noble pass
de correction et d'idéal pourrait-elle aboutir à l'impuissa
et au ridicule ? »

« Encore une fois, l'ennemi, le danger, le voilà. Le pé
c'est de se laisser entraîner à des débats sur le plus o
moins de concessions à faire au besoin de perfection
des rédactions. La tristesse, la mortelle tristesse pour
esprits politiques, c'est que personne ne se lève au mi
de nous pour protester contre la manière dont les pa
s'accordent à poser les questions. J'ose à peine dire à c
point, pour ma part, ces soucis de correction abstraite
matière de constitution me paraissent stériles et puér
étrangers à la virilité politique. Je me demande s'il
en vérité de salut à espérer pour la France aussi lo
temps qu'elle n'aura pas reconnu l'extrême enfantill
de ces « dadas » constitutionnels, et combien c'est
pitié de voir un grand peuple lâcher ainsi perpétuellem
la proie pour l'ombre. »

« On espère éviter de si fâcheuses extrémités grâce
renouvellement partiel qui doit, au commencement
l'année prochaine, modifier la composition du Sénat.
comités électoraux rempliront de nouveau, à cette oc
sion, le rôle qu'ils ont joué dans les élections de
Chambre. Les candidats aux fauteuils sénatoriaux ser
invités à choisir entre l'engagement de souscrire à la ré
sion et l'inconvénient d'être combattus par les comi

publicains, et il est à croire que la plupart feront comme
s députés et se déclareront révisionnistes. Cela leur
sera peut-être un peu, mais combien ne serait-il pas plus
sagréable de s'être porté candidat et d'échouer ! On
endra, du reste, à leur secours. On atténuera les scru-
les qu'ils pourraient se faire, en limitant les points sur
squels portera la révision. On laissera de côté les attri-
tions de la haute Assemblée, on respectera peut-être
ême l'inamovibilité, et l'on se contentera de proportionner
nombre des délégués des communes au chiffre des popu-
tions. Dans ces conditions, je le reconnais, il ne serait
s impossible qu'il se formât sur les bancs du Sénat
e majorité révisionniste et que M. Gambetta, en arrivant
x affaires, parvînt, sans trop de peine, à se débarrasser
la difficulté dont sa propre imprudence et le faux zèle
ses amis ont encombré les avenues du pouvoir. Mais
t-ce à dire pour cela que tout serait fini ? Que la ques-
n serait résolue ? Que la révision disparaîtrait du plan
campagne de l'opposition radicale et des programmes
s comités ? Pour un temps, sans doute, mais pour un
mps très court. Bien loin de vider la question, on n'aurait
it que la poser plus explicitement ; bien loin de la fermer,
l'aurait ouverte. C'est que la révision de la loi sénatoriale
offre aucun point d'arrêt sérieux. Il n'est pas une des
isons invoquées contre telle ou telle partie de l'institution
i n'atteigne son existence même. Vous voulez établir le
incipe numérique dans les délégations des communes,
ais pourquoi, si ce n'est par déférence pour des idées
justice abstraite et de symétrie, que blesse tout aussi

bien la différence entre le sénateur élu et le sénateur i
movible ? Vous voulez modifier la composition du Sé
afin qu'il ne puisse plus se mettre en travers des décisi
de la Chambre, lui enlever les attributions budgétaires,
retirer le droit de dissolution : à merveille; mais qua
vous lui aurez ôté tous les moyens de contrôle effec
comment ne pas voir qu'un pareil Sénat ne sera plus
la cinquième roue d'un char et ne saurait conserver de pl
dans un système qui se pique de logique ? »

« La question de la révision une fois ouverte ne se ref
mera plus. Elle offre un sujet trop commode de déclamatio
un moyen trop commode d'agitation pour que les pa
la laissent tomber. Chaque fois qu'on aura besoin d'un
de guerre ou d'une plate-forme d'opposition, c'est à
révision qu'on aura recours, et à la révision des artic
relatifs au Sénat, aussi longtemps qu'il y aura un Sé
Mais, je l'ai dit, il n'y a pas de raison pour que le Sé
et tout le reste n'y passe pas. Une fois la mesure de syl
gisme et du compas appliquée à des institutions, elles s
bien malades. Une fois la santé sociale cherchée dans
redressements de textes au lieu d'être demandée au sim
et mâle exercice des droits acquis, un peuple s'est li
à un terrible maître et qui le mènera loin. À moins pourt
que ce peuple ne se lasse en route, ne se retourne a
colère contre les charlatans auxquels il avait abando
les rênes, et, comme il arrive dans ces cas-là, ne renve
le char par-dessus le cocher.

« La futilité des griefs allégués contre le Sénat ; la futi
même des réformes pour lesquelles on réclame l'int

ntion du Congrès ; la facilité avec laquelle les candidats
t souscrit à ce qu'on exigeait d'eux ; les autres propositions
dicales qui ont pris place dans les programmes et qui,
en que touchant à tout, magistrature, armée, église et
ances, n'ont guère rencontré plus de résistance que la
vision ; l'action des comités électoraux, voués à la politique
modérée et dont l'intervention fausse le suffrage universel;
progression chaque jour plus sensible des idées et des
opositions dans le sens radical : tels sont les symptômes
i m'alarment et dont la révision n'est à mes yeux que
plus significatif. Je ne puis m'empêcher d'être inquiet
voyant la rapidité avec laquelle nous brûlons les étapes
r la route qui mène à la réalisation de l'idéal révolu-
nnaire. C'est l'œuvre de 1875, c'est la république telle
'elle a été fondée il y a six ans qui me paraît être en
se. »

Il est deux faits que tout le monde a l'air de se donner
mot pour oublier, et que je voudrais au contraire
ppeler perpétuellement au souvenir des hommes politi-
es. Le premier, 1848, si vite devenu 1849, — 1849, si
e devenu 1851, — la division des esprits, les animosités
s partis, les inepties révolutionnaires, les réactions
lement provoquées, le gâchis législatif sorti de tout cela,
la nausée montant à la gorge du peuple, la lassitude
nérale se transformant en scepticisme et en dégoût. Le
cond fait, qu'il ne faudrait jamais non plus perdre de
e, c'est l'Empire avec ses trois plébiscites, avec ses six
sept millions de suffrages. Quiconque veut sincèrement,
nnêtement, savoir ce qu'est la nation française, n'a pas

le droit d'oublier ces humiliants souvenirs. On peut les
expliquer, chercher à en atténuer la portée, on ne peu[t]
en faire abstraction : ils restent là, un amer et salutair[e]
avertissement ! »

« Au nom du ciel, que la troisième république n'en soi[t]
jamais réduite à choisir à son tour entre les misères d[e]
l'anarchie et les hontes de l'abdication ! Qu'on ne surmèn[e]
pas, qu'on n'inquiète pas, qu'on ne rebute pas la France [!]
Que deviendrions-nous si la dernière tentative avortai[t]
comme les précédentes ? Le pays serait-il de force à sur-
monter une nouvelle crise ? Ce que le radicalisme met e[n]
jeu dans son épouvantable aveuglement, n'est-ce pa[s]
l'existence nationale même ?

La troisième république a tout particulièrement charg[é]
d'âmes. Elle a pris l'engagement tacite de nous assur[er]
l'ordre, la prospérité, le repos. Si elle manque à se[s]
promesses, le pays, tôt ou tard, cherchera autre chose, e[t]
dans ces cas-là, il se trouve toujours autre chose. Le pay[s]
ne demande pas à gouverner : un pays ne gouverne pas ; i[l]
demande à être gouverné et bien gouverné, et si on l[e]
harasse et le tracasse, il balaiera un jour du revers d[e]
la main tous les charlatans, tous les tribuns, tous le[s]
fanatiques d'absolu qui le prennent pour marchepied d[e]
leurs expériences. Sera-ce pour s'arrêter à une autre form[e]
quelconque de gouvernement ? Ne sera-ce pas plutô[t]
devenu incapable de toute stabilité, pour continuer à aller
par besoin d'ordre à la dictature, par besoin de liberté [à]
la révolte, et pour se consumer ainsi dans la fièvre révolu-
tionnaire ? »

« Auront-ils le courage de faire front contre l'esprit
aventure et de chimère? Auront-ils la puissance de
mener au sérieux de la politique ceux qui, par ignorance
ı par faiblesse, sont devenus les complices des innovations
alsaines ? Auront-ils l'autorité nécessaire pour substituer
progrès réel à la stérile poursuite de la perfection des
rmules ? Auront-ils, enfin, ce qui est la condition de tout
reste, l'enthousiasme de la conservation sociale, quelque
ıose de cette sainte passion, de cette flamme de mépris
ur la sottise et la turbulence, qui animait Casimir Périer,
qui fit de lui le sauveur de la révolution de Juillet ? Je
gnore, mais tels sont bien les termes de la question. Il
agit encore aujourd'hui d'empêcher une révolution de
dévorer elle-même. Il s'agit de savoir si la République
ı 1875 restera habitable ou deviendra une bousingotière. »

Aux électeurs Vosgiens de décider qui a tort ou
ə MM. Claude, George et Kiener, qui veulent
une révision partielle, ou de M. Schérer qui, pour
s raisons susdites, ne veut pas de révision du
ut.

UN RÉPUBLICAIN D'HIER QUI PEUT-ÊTRE
NE LE SERA PLUS DEMAIN.

Epinal. V. Collot, imp.